Flores, plantas y macetas a ganchillo

Llena tu hogar de color y creatividad

Flores, plantas y macetas a ganchillo

Francisca Herraiz

Published by Francisca Herraiz, 2024.

While every precaution has been taken in the preparation of this book, the publisher assumes no responsibility for errors or omissions, or for damages resulting from the use of the information contained herein.

FLORES, PLANTAS Y MACETAS A GANCHILLO

First edition. October 18, 2024.

Copyright © 2024 Francisca Herraiz.

ISBN: 979-8227271631

Written by Francisca Herraiz.

Tabla de Contenido

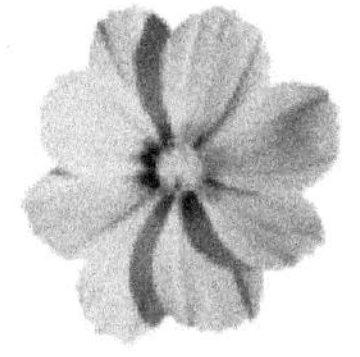

Francisca Herraiz

Título original: Flores, plantas y macetas a ganchillo
Autor: Francisca Herraiz
© 2024 Francisca Herraiz
Todos los derechos reservados.
Primera edición: 2024
Diseño de cubierta: Francisca Herraiz

Ninguna parte de este libro puede ser reproducida, almacenada en un sistema de recuperación o transmitida en cualquier forma o por cualquier medio, ya sea electrónico, mecánico, fotocopia, grabación o de otro tipo, sin el permiso previo por escrito del editor.

Índice

Presentación

Hola, te doy la bienvenida y te agradezco que hayas adquirido este libro. Me presento, mi nombre es Francisca. Soy madre, profesora y amante de todo lo relacionado con el DIY.

Soy autodidacta, me encanta aprender cosas nuevas. A través de guías y vídeos aprendí a tejer, también aprendí a pintar con acuarela, a escribir novelas y todo lo que se presente. Cada vez que veo algo interesante me pregunto si podría hacerlo y me pongo a ello.

El ganchillo vino a mi vida en un momento complicado, caótico, donde no solo perdimos el piso donde vivíamos, también, unos pocos años después, perdí a mi padre y posteriormente a mi madre. Fueron unos años muy difíciles en los que me refugié en las puntadas, la lana, las creaciones. El ganchillo fue una terapia, una ayuda y ahora es una pasión.

A lo largo de los años, viendo los beneficios del ganchillo y la acuarela, quise transmitir mis conocimientos al resto del mundo. Me encanta compartir lo que he aprendido, por eso empecé a crear cursos online de acuarela y de ganchillo. También escribí varios libros de ganchillo.

Mediante mis cursos, mi canal de YouTube y las redes sociales, he conocido gente maravillosa que, junto a mis hijos, son el motor que me empuja a seguir adelante.

En este libro he querido mostrar la belleza de las flores, los adornos, los detalles. Es un despertar a la vida, un nuevo comienzo. Las flores siempre me han llenado de paz, sus colores, su olor, siempre alegran cualquier estancia. Y a todas nos gusta que nos regalen flores, creo que son el regalo perfecto. Las que te muestro en este libro no se marchitan y permanecen para siempre.

Así que, gracias por acompañarme y espero que te guste este libro tanto como a mí me ha gustado crearlo. ¿Qué me dices? ¿Te unes a mí en este viaje de creación? Pues, empezamos.

Macetas

Pequeña maceta para flor pequeña

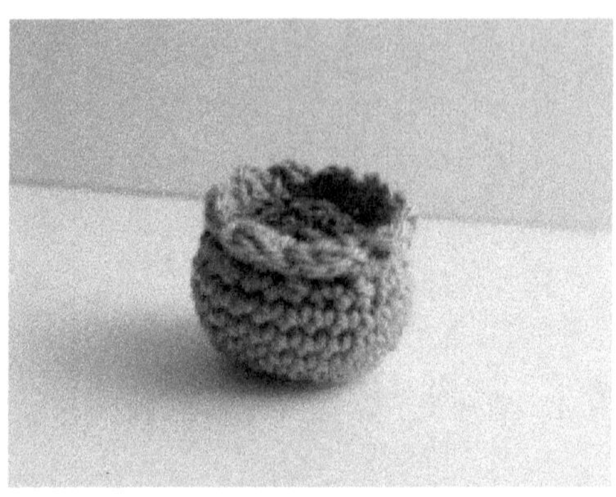

Dificultad: +

Materiales

Lana de color marrón o del color deseado

Marcador de vueltas

Ganchillo número 2´5 o 3 mm según el tamaño de la lana elegida

Abreviaturas y puntos utilizados

Cad cadeneta

pd punto deslizado o punto enano

pb punto bajo

pma punto medio alto

rep repetir

aum aumento

dism disminución

Realización

Anillo mágico

1ª vuelta: 10 pb dentro del anillo, cerramos con pd.

2ª vuelta: 1 aum de pb en cada punto hasta el final, total 20 puntos.

3ª vuelta: 20 pb cogidos por la hebra trasera. Cerramos con pd.

4ª vuelta: 1 pb, 1 aum, rep. Hasta el final. Total 30 p.

5ª a 7ª vuelta: 1 pb en cada punto hasta el final durante las tres vueltas.

8ª vuelta: 1 pb 1 dism, rep hasta el final. Total 20 puntos.

9ª vuelta: 1 pb en cada punto hasta el final.

Para la terminación y borde de la maceta tejeremos la siguiente vuelta:

10ª vuelta: 1 cad en el sig punto 1pma 1 cad en el sig punto 1 pd, rep. 1 cad 1 pma 1 cad y pd , así hasta el final de la vuelta. Cerramos con pd cortamos el hilo y lo dejamos largo para coser y unir después el círculo de tierra.

Podemos cortar una base de cartón para poner dentro de la maceta y que quede más firme.

Macetero pequeño para cactus mini

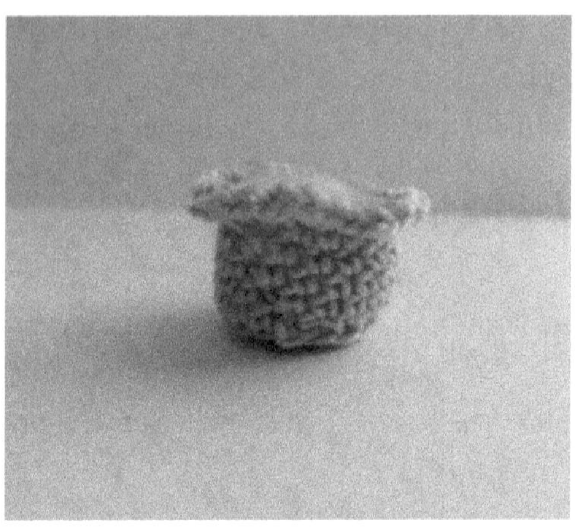

Dificultad: +

Materiales

Lana color marrón o color deseado

Lana color marrón oscuro para la tierra

Ganchillo nº 3 mm o del tamaño acorde a la lana elegida

Marcador de vueltas

Relleno

Abreviaturas y puntos utilizados

Pb punto bajo

Rep. Repetir

Aum. Aumento

Pd punto deslizado o punto enano

Realización

Anillo mágico

1ª vuelta: 6 pb dentro del anillo

2ª vuelta: Levantar 1 cad (no cuenta como punto) 1 aum en cada punto hasta el final de la vuelta. Cerrar con pd (12p)

3ª vuelta: 1 cad. 1 pb 1 aum rep hasta el final. Cerrar con pd (18p)

4ª vuelta: 1 cad 1 pb en cada punto cogido solo por la hebra trasera hasta el final. Cerrar con pd (18p)

5 a 8ª vuelta: 1 cad 1 pb cogido normal en cada punto hasta el final. Levantar 1 cad en cada inicio de vuelta y cerrar cada vuelta con pd (18p)

9ª vuelta: 1 cad 1pb cogido solo por la hebra delantera, 1 cad, 1 pb por hebra delantera, 1 cad, 1 pb hebra delantera, así en toda la vuelta (18p)

Cerrar con pd y esconder la hebra. Poner una base de cartón al fondo y luego rellenar.

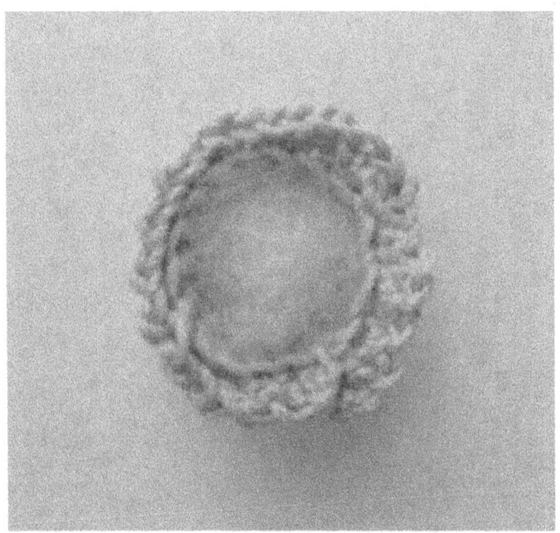

Para la tierra de las macetas

Según el tamaño de nuestra maceta aumentaremos vueltas, si la base de nuestra maceta es de 18 puntos, tejeremos el círculo de la tierra hasta tener 18 p, si tiene 24 puntos de base, tejeremos el círculo hasta tener 24 puntos.

Anillo mágico

1ª vuelta: 6 pb dentro del anillo

2ª vuelta: 1 aum en cada punto (12p)

3ª vuelta: 1 pb 1 aum rep hasta el final (18p)

Según el tamaño de nuestra maceta aumentaremos vueltas, si la base de nuestra maceta es de 18 puntos, tejeremos el círculo de la tierra hasta tener 18 p, si tiene 24 puntos de base, tejeremos el círculo hasta tener 24 puntos.

Cerrar con pd

Dejar una hebra larga para coser a la maceta.

Rellenar la maceta con huata o restos de lana. Podemos cortar un trozo de cartón del tamaño de la base de la maceta para pegar a la base y que quede más rígida. Coser el círculo que será la tierra a la maceta.

En la maceta para el cactus pequeño, no es necesario colocar la base de tierra ya que el cactus ocupa toda la base de la maceta, se cose por el borde, ocupando toda el área.

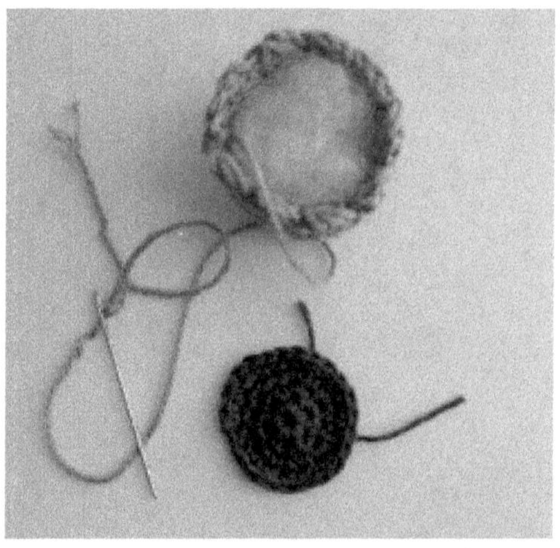

Jarrones

Jarrón de ganchillo

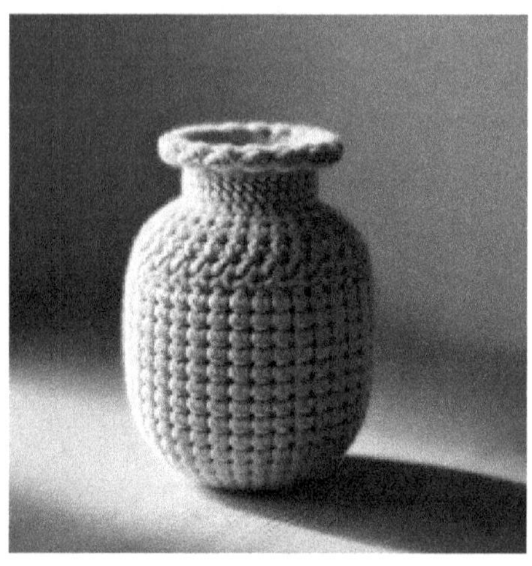

Dificultad: ++

Materiales

Hilo de algodón (puede ser del color que prefieras)

Aguja de ganchillo (recomendada: 2.5 mm o 3.0 mm)

Relleno o un pequeño frasco para darle forma si deseas un jarrón rígido

Marcador de puntos (opcional)

Abreviaturas y puntos utilizados

Cad cadeneta

pd punto deslizado o punto enano

pb punto bajo

aum aumento

dism disminución

Instrucciones

Base del Jarrón:

1. **Anillo Mágico**:

Comienza con un anillo mágico.
Haz 6 puntos bajos (pb) dentro del anillo mágico. [6 pb]

1. **Vuelta 2**: Haz 2 puntos bajos en cada punto de la vuelta anterior (aumento en cada punto). [12 pb]
2. **Vuelta 3**: 1 punto bajo, 1 aumento en cada punto alrededor. [18 pb]
3. **Vuelta 4**: 2 puntos bajos, 1 aumento en cada punto alrededor. [24 pb]
4. **Vuelta 5**: 3 puntos bajos, 1 aumento en cada punto alrededor. [30 pb]

Cuerpo del Jarrón:

1. **Vuelta 6 - 10**: Haz 1 punto bajo en cada punto de la vuelta anterior sin aumentar. Esto empezará a darle altura al jarrón. [30 pb en cada vuelta]
2. **Vuelta 11 - 13**: Para darle una forma más angosta a la boca del jarrón, haz *3 puntos bajos, 1 disminución* en cada vuelta. [24 pb después de la vuelta 13]
3. **Vuelta 14**: Teje en puntos bajos normales, sin aumentos ni disminuciones, para terminar la parte superior del jarrón. [24 pb]

Borde Decorativo (Opcional):

1. Puedes agregar una fila de *puntos deslizados* alrededor de la parte superior para crear un borde decorativo.

Corta el hilo, dejando una cola larga para rematar. Si deseas que el jarrón tenga una estructura firme, puedes introducir un pequeño frasco de vidrio dentro o endurecer el tejido con una mezcla de agua y pegamento.

Mini jarrón

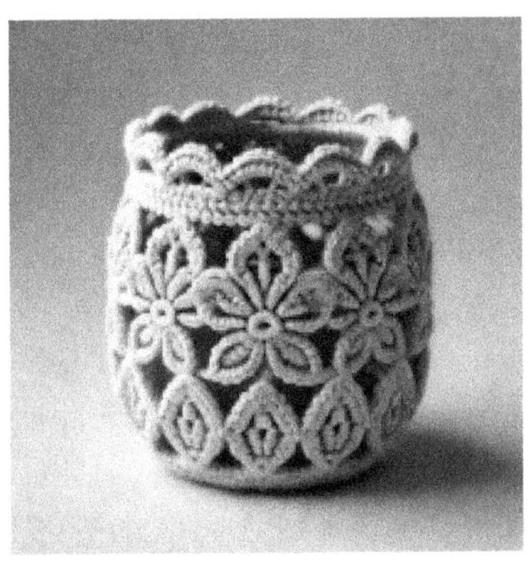

Dificultad: +
Materiales
Hilo de algodón (puede ser fino para un jarrón pequeño)
Aguja de ganchillo (recomendada: 2.0 mm)
Relleno o un pequeño soporte si deseas darle más estructura
Abreviaturas y puntos utilizados
Cad cadeneta
pd punto deslizado o punto enano
pb punto baj
punto concha (5 pa en el mismo punto)
rep repetir
aum aumento
dism disminución

Instrucciones:

Base del jarrón:

Haz un anillo mágico y dentro del anillo teje 6 puntos bajos (pb).

En la siguiente vuelta, haz 2 pb en cada punto alrededor (12 pb).

Aumenta en cada vuelta hasta alcanzar el diámetro del fondo del jarrón, aumentando 6 puntos en cada vuelta.

Cuerpo del jarrón:

Una vez alcanzado el diámetro deseado, teje sin aumentos en punto bajo por 2 o 3 vueltas, para formar las paredes del jarrón.

Luego, alterna una vuelta en punto de red (1 cadeneta, saltar 1 punto, 1 pb en el siguiente) y una vuelta en punto bajo, para crear un efecto de encaje.

Repite hasta alcanzar la altura deseada del jarrón.

Borde superior:

Finaliza con una vuelta en punto concha (5 puntos altos en el mismo punto, saltar 2 puntos, 1 punto bajo) para darle un toque decorativo.

Flores

Flor para maceta pequeña

Flor alcatraz

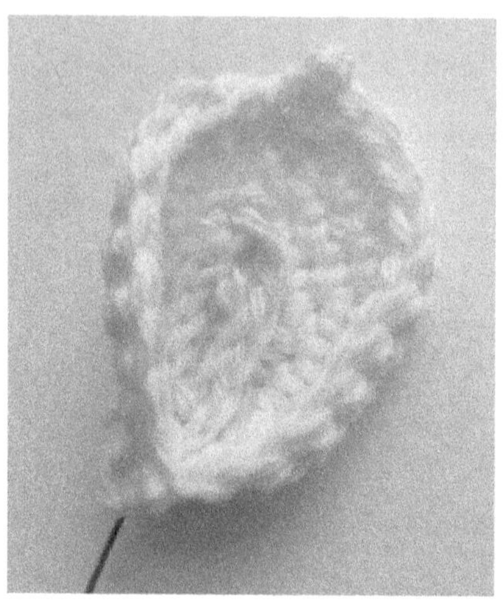

Dificultad: +

Materiales

Lana verde para el tallo

Lana del color deseado para la flor

Lana amarilla para el centro de la flor

Ganchillo acorde a la lana

Alambre para el tallo

Silicona caliente o fría

Abreviaturas y puntos utilizados

Cad cadeneta

Pd punto deslizado

Pb punto bajo

Rep repetir

Aum aumento

Realización

Anillo mágico

1ª vuelta: 6 pb en el anillo. Cerrar con pd

2ª vuelta: 1 aum en cada punto (12p)

3ª vuelta: 1 pb 1 aum, rep hasta el final (18p)

4ª vuelta: 2 pb 1 aum rep hasta el final (24p)

Podemos seguir aumentando según queramos el tamaño de nuestra flor. Mi flor es pequeña y no aumento más, pero si quieres algo más grande sigue con 3 pb 1 aum, en la siguiente vuelta, 4pb 1 aum y así hasta tener el tamaño deseado para tu flor

6ª vuelta: 1 pb en cada punto hasta el final. Luego levantamos 3 cad y cerramos con pd en el mismo punto donde hemos levantado las 3 cad. Hacemos otro punto deslizado en el siguiente punto para asegurar bien el hilo y cortamos. Escondemos la hebra.

Para la parte amarilla del centro

Tejer 6 cad o las necesarias para obtener el largo deseado.

1 pb en cada cad

1 pd alrededor de toda la pieza para que quede redondeada. Cerrar bien y cortar el hilo. Pegar o coser a la parte blanca de la flor, en el centro, dejando el piquito de la flor hacia arriba y la parte amarilla abajo, centrada.

También lo podemos hacer de la siguiente forma. Cogemos nuestro alambre y lo cortamos dependiendo del tamaño que queramos para nuestra flor. Cogemos la lana amarilla y envolvemos el alambre con ella, solo un centímetro y medio o un dedo. Pegamos la lana con un poco de silicona caliente. El resto del alambre, excepto una pequeña parte del final, lo envolveremos con la lana verde para hacer el tallo. La parte del alambre que queda libre será la que vaya dentro de la maceta.

Tejemos una o dos hojas y las pegamos. Colocamos el tallo en nuestra maceta y listo.

Tulipán

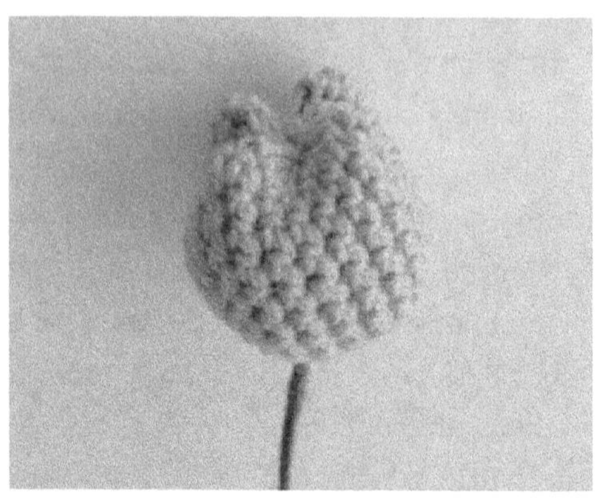

Dificultad: +

Materiales

Lana del color deseado

Ganchillo acorde a la lana escogida

Lana verde para las hojas y el tallo

Alambre

Silicona caliente o fría

Relleno

Aguja lanera

Abreviaturas y puntos utilizados

Pd punto deslizado

Pb punto bajo

Aum aumento

Rep repetir

Realización

Anillo mágico

    1ª vuelta: 6 pb en el anillo. Cerrar con pd y cerrar el anillo

    2ª vuelta: 1 aum en cada punto hasta el final (12p)

    3ª vuelta: 1 pb 1 aum, rep hasta el final (18p)

4ª vuelta: 2 pb, 1 aum, rep hasta el final (24p)

5ª a 11ª vuelta; 1 pb en cada punto hasta el final durante las siete vueltas. (24p)

Cerrar con pd. Dejamos hebra larga.

Rellenamos la flor

Enhebramos la aguja con la hebra que hemos dejado larga, contamos 6 puntos e introducimos la aguja en ese punto, contamos otros 6 puntos y volvemos a introducir la aguja por ese punto, dejando el resto libres, contamos 6 puntos e introducimos la aguja por ese punto, contamos los últimos 6 puntos e introducimos la aguja, ahora estiramos el hilo para ir cerrando la flor y que quede en forma de estrella, aseguramos con un par de pd, cortamos la hebra y escondemos por dentro de la flor.

Cogemos el alambre del tamaño deseado y lo forramos con lana verde asegurándolo con la silicona caliente o fría. Dejamos la parte inferior del alambre sin forrar porque irá dentro de la maceta.

Colocamos una hoja y la pegamos con silicona, colocamos la flor en la maceta y listo.

Margarita

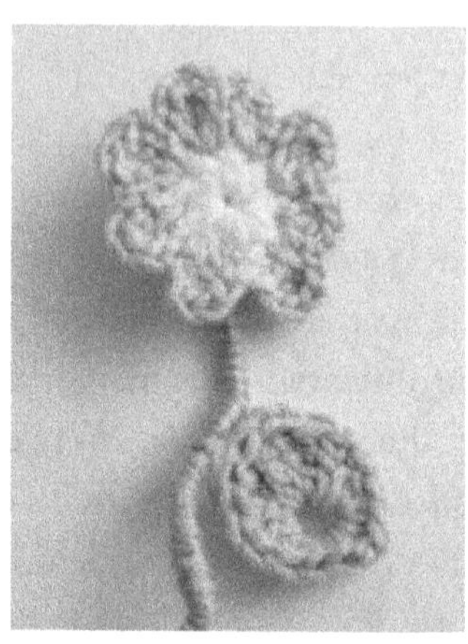

Dificultad: +

Materiales

Lana de color amarillo, blanco y verde o colores deseados

Ganchillo acorde a la lana

Alambre

Silicona caliente o fría

Abreviaturas y puntos utilizados

Cad cadeneta

Pd punto deslizado

Pma punto medio alto

Pa punto alto

Realización

En color amarillo

Anillo mágico

Tejemos 8 pma dentro del anillo. Cerramos pd y cerramos el anillo. Cortamos hebra y cambiamos de color.

En color blanco

Cogemos el nuevo color y lo integramos a la labor con pd. Ya con el nuevo color tejemos 2 cad, en el mismo punto tejemos 2 pa, levantamos 2 cad y en el punto siguiente tejemos 1 pd, este grupo hará nuestro primer pétalo. Rep secuencia, *tejemos 2 cad, en el mismo punto tejemos 2 pa, levantamos 2 cad y en el siguiente punto tejemos pd*, ya tenemos nuestro segundo pétalo. Vamos a rep la secuencia de * a * hasta tener 8 pétalos.

Hacemos 1 pd para cerrar, cortamos el hilo y escondemos la hebra.

Preparamos nuestro alambre, lo forramos con lana verde dejando la parte inferior libre para poner en nuestra maceta y pegamos la flor arriba del tallo. Listo.

Lavanda

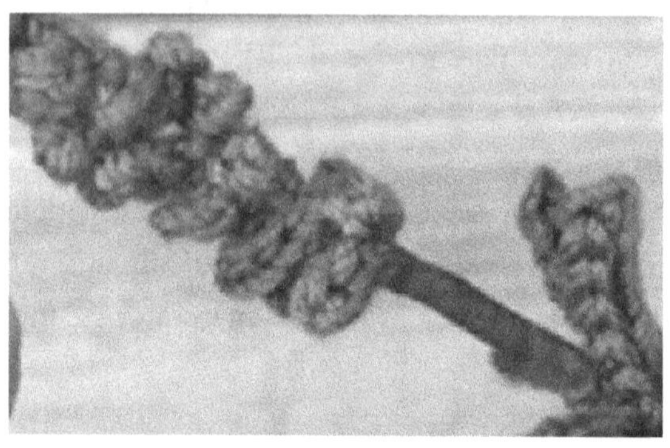

Dificultad: +

Materiales

Lana color violeta o color deseado

Ganchillo acorde a la lana escogida

Palillo o mondadientes, también se puede utilizar un palo de brocheta

Pegamento o silicona caliente

Abreviaturas y puntos utilizados

Pd punto deslizado

Cad cadeneta

Rep repetir

Realización

Tejemos 3 cad, saltamos la primera cad y tejemos 1 pd en la siguiente cad y 1 pd en la cad que nos queda.

Tejemos 2 cad y tejemos 1 pd en la segunda cad

1 pd en el sitio de la primera cad

Levantamos 3 cad y tejemos 2 pd saltando la primera cad

Levantamos 2 cad y tejemos 2 pd

Rep. la secuencia ocho veces para tener 10 pétalos

Cerramos con pd, cortamos el hilo y escondemos

Cogemos el mondadientes o el palito de madera y ponemos un poco de silicona caliente o pegamento. Vamos rodeando el palillo con el tejido.

Tejemos las hojas y las colocamos. (Ver hojas en apartado Hojas de este libro)

Hojas

26

Diversas hojas para nuestras flores

Dificultad: +

Materiales

Lana verde

Ganchillo acorde a la lana elegida

Abreviaturas y puntos utilizados

Cad cadeneta

Pd punto deslizado

Pb punto bajo

Pma punto medio alto

Pa punto alto

Pad punto alto doble

Realización

Primer tipo de hoja (puedes elegir luego la hoja que más te guste para combinar con tus flores)

Con lana verde

Tejemos 9 cad

Tejemos ahora sobre la cadeneta y hacemos en el segundo punto desde el ganchillo, tejemos 1 pd, en el siguiente punto pb, en el siguiente punto, pb, en el siguiente punto 1 pa, en siguiente, 1 pa, en el siguiente, 1 pb ahora levantamos 1 cad, tejemos 1 pd en el último punto y cerramos la labor. Cortamos hebra y escondemos el hilo

Segundo tipo de hoja

Con lana verde

Tejemos 7 cad

En el segundo punto desde el ganchillo tejemos pd, en el siguiente, pb, en el siguiente pma, en el siguiente 1 pa, en el siguiente, pa, en el siguiente pb, tejemos 1 cad y hacemos pd en el último punto para cerrar, cortamos hebra y escondemos.

Tercer tipo de hoja

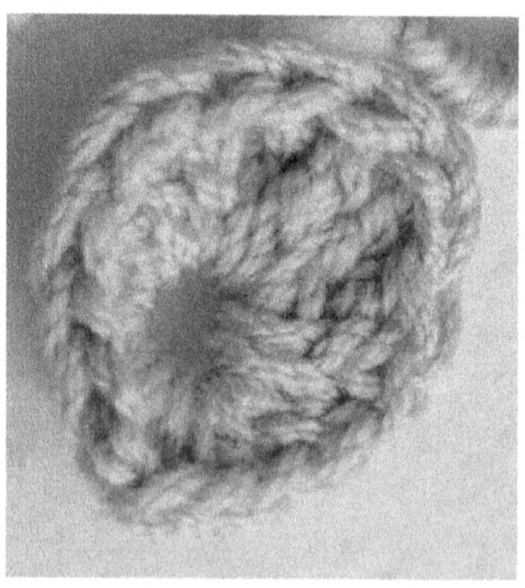

Anillo mágico

Dentro del anillo tejemos, 2 pb 2 pma 2 pa 2 pad 1 cad , 2 pad 2 pa 2 pma 2 pb

Cortamos la hebra, cerramos el anillo. Hacemos un par de nudos para asegurar el hilo y cortamos.

Hoja para lavanda

Anillo mágico

7 cad

En el segundo punto tejemos 1 pd y 5 más en las siguientes cad, en total 6 pd en la cad

Dentro del anillo tejemos pd

Levantamos 7 cad y tejemos 6 pd bajando por las cad, 1 pd en cada cadeneta

1 pd en el anillo

Rep los mismo dos veces más

Cerramos el anillo

Cortamos hilo y escondemos

Adornos

Adornos para nuestras macetas
Dificultad: +
Materiales
Lana de los colores deseados
Ganchillo acorde a la lana elegida
Abreviaturas y puntos utilizados
Cad cadeneta
Pa punto alto
Pad punto alto doble

Realización

Corazón

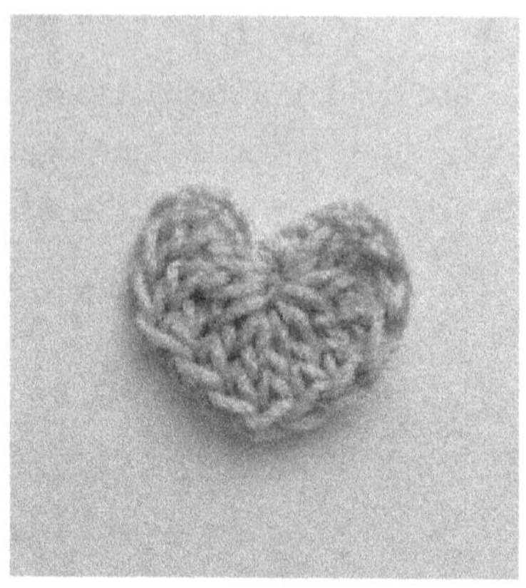

Anillo mágico

Levantamos 4 cad, trabajamos dentro del anillo y tejemos 4 pad, 4 pa, 3 pad. Cerramos el anillo, pero no cortamos el hilo. Tejemos 4 cad y pasamos la aguja por el centro del anillo mágico, luego tejemos pd para asegurar el hilo y cortamos dejando una hebra larga. Enhebramos una aguja o podemos hacerlo con el mismo ganchillo. Pasamos la hebra desde arriba al centro del anillo, apretando bien para que nos quede la forma de corazón, una vez consigamos la forma deseada, aseguramos el hilo, cortamos y escondemos la hebra.

Mariposa

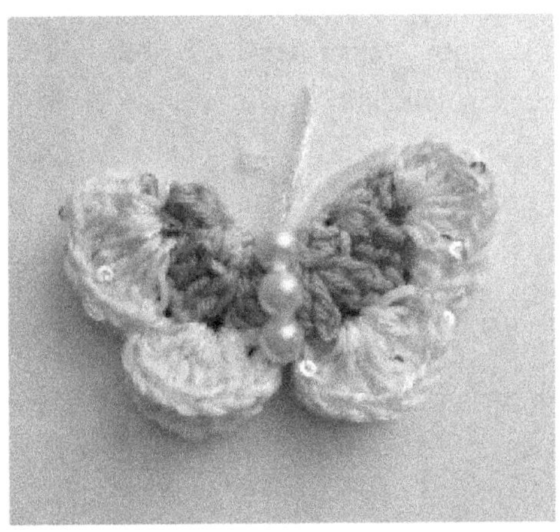

Con lana del color deseado.

Anillo mágico

1ª vuelta: 3 cad, 1 pa, 1 cad, 2 pa, 1 cad, 2 pa, 1cad, 2pa, total 8 grupos de 2 pa separados por 1 cad.

Cerramos el anillo con pd, cortamos hebra y escondemos el hilo.

Cambiamos de color

2ª vuelta: Nos colocamos en el primer hueco de una cad de la vuelta anterior, ahí incorporamos el nuevo color y tejemos 3 cad, 1 pa, 2 cad, seguimos en el mismo hueco y tejemos 2 pa 1 cad. Vamos al siguiente hueco de 1 cad de la vuelta anterior y tejemos 2 pa 2 cad 2 pa 1 cad. Vamos al siguiente espacio de 1 cad y repetimos 2 pa 2 cad 2 pa 1 cad. Rep en toda la vuelta, debemos tener al final 8 abanicos.

Cerramos la vuelta con pd y cortamos la hebra, escondemos el hilo.

Cambio de color (puedes realizar la mariposa en un solo color)

3ª vuelta: Nos colocamos en medio de una concha, es decir, en el hueco de 2 cad. Ahí añadimos el nuevo color y tejemos 3 cad (cuentan con 1 pa) y luego tejemos 8 pa que, con las 3 cad serán 9 pa, luego hacemos 1 pb, todo en el mismo hueco.

Nos vamos al siguiente abanico, en el hueco de las 2 cad y rep la misma secuencia de antes, tejemos 9 pa 1 pb. Vamos a repetir esto en todos los huecos de la vuelta anterior.

Cerrar con pd, cortar el hilo y dejar la hebra larga.

Ahora doblamos el tejido por la mitad y pasamos la hebra de abajo a arriba (aquí, antes de cerrar, podemos colocar unos abalorios) ajustamos bien, damos forma a la mariposa y cerramos con pd. Escondemos la hebra.

Para las antenas podemos utilizar hilo, alambre, palitos de algodón, limpiapipas, lo que se nos ocurra, o podemos dejarla sin antenas, como más os guste.

Flor

Con lana del color deseado

Anillo mágico

3 cad 2 pa 3 cad 1pd (tenemos 1 pétalo) rep, 3 cad 2 pa 3 cad 1 pd (tenemos otro pétalo) rep, 3 cad 2 pa 3 cad 1 pd (tenemos otro pétalo) rep hasta tener 5 pétalos.

Tejemos 1 cad, cortar el hilo, cerrar el anillo y esconder hebras.

Lazo 1

Con lana del color deseado tejer 12 cad. Podemos tejer más o menos cad según el tamaño que necesitemos.

Ahora tejemos en plano. Tejemos 4 o 5 filas de puntos bajos o las filas que necesitemos para conseguir el grosor deseado.

Cortamos el hilo y escondemos la hebra.

Para atar el lazo, tejemos 3 cadenetas y dejamos el hilo largo.

Ponemos las 3 cad por delante del tejido que hemos realizado antes y rodeamos la pieza con la hebra larga de las 3 cad. Doblamos la pieza para darle forma y apretamos la hebra, rodeando el tejido un par de veces. Luego hacemos un par de nudos por detrás y listo.

En lugar de usar lana con 3 cad puedes sustituirlo por cinta.

Lazo 2

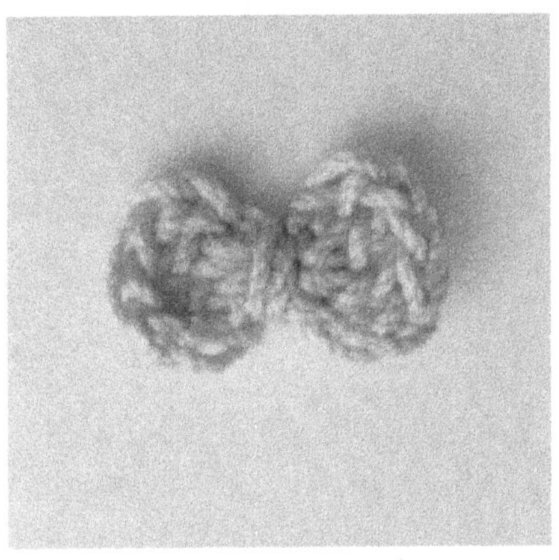

Anillo mágico

2 cad 2 pa 2 cad 1 pd rep 2 cad 2 pa 2 cad 1 pd

Cerramos el anillo, cortamos la hebra larga. Enhebramos una aguja lanera, pasamos por el centro y damos 3 o 4 vueltas por el centro para darle forma de lazo. Hacemos un nudo, escondemos el hilo y cortamos.

Cactus

36

Cactus pequeño para macetero pequeño

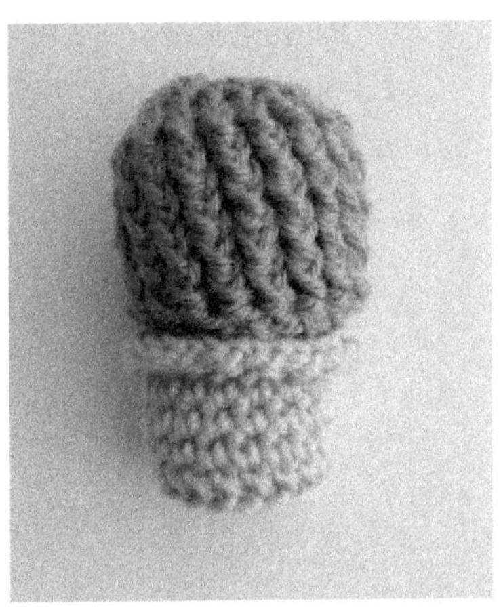

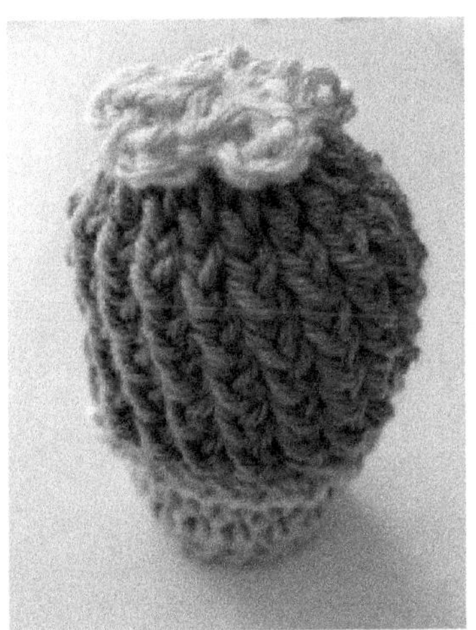

Dificultad: ++
Materiales
Lana de color verde
Ganchillo nº 3 mm o acorde a la lana elegida
Relleno
Abreviaturas y puntos utilizados

Cad cadeneta
pb punto bajo
Pa punto alto
Pd punto deslizado
Punto relieve
Rep repetir
Aum aumentar

Realización

Anillo mágico

1ª vuelta: 9 pb en el anillo. Cerrar con pd

2ª vuelta: Levantamos 3 cad, tejemos 1 pa en el mismo lugar donde hemos subido las 3 cad, 2 pa en el siguiente punto, es decir, un aumento. Vamos a hacer 1 aumento (2 pa en cada punto) en toda la vuelta. Al llegar al final saltamos las 3 cad del inicio y cerramos con pd cogiendo el primer pa que hicimos.

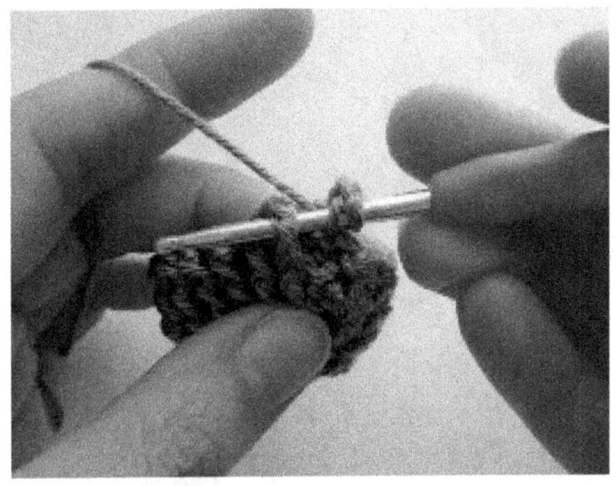

3ª a 6ª vuelta: Subimos con 3 cad, 1 pa en relieve por delante en el siguiente punto. Vamos a rep 1 pa en relieve por delante en cada punto de la vuelta anterior hasta llegar al final. Una vez finalizada la vuelta, nos saltamos las 3 cad y cerramos con pd cogiendo el pa.

Si queremos el cactus más grande tejeremos una, dos o tres vueltas más con pa en relieve, según cómo lo queramos.

Cortamos hebra dejándola larga para coser a la maceta pequeña que tejimos al comienzo del libro.

Para coser a la maceta cogemos la hebra que queda por dentro de la maceta y un punto entero del cactus y lo vamos uniendo así hasta tenerlo cosido por completo. Aseguramos bien el hilo, escondemos la hebra y cortamos.

Si quieres adornar con una flor el cactus, aquí te dejo el patrón para realizar la flor en el color que más te guste.

Anillo mágico

Levantamos 2 cad y vamos a trabajar siempre dentro del anillo. 1 pa, 2 cad, 1 pd, rep, 2cad, 1 pa, 2 cad, 1 pd, ya tenemos dos pétalos, hacemos un tercero igual, 2 cad, 1 pa, 2 cad, 1 pd, con este tenemos tres pétalos, haremos dos más hasta tener 5 pétalos en el anillo. Cerramos el anillo, cerramos el tejido con pd, cortamos la hebra larga para coser al cactus y listo.

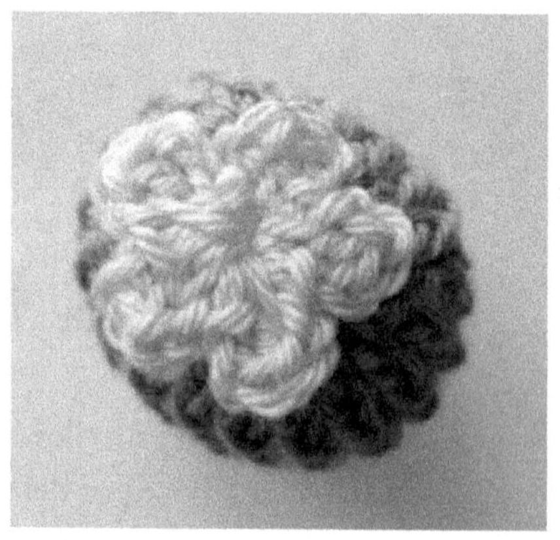

Patrón de Cactus con Palas y Flor

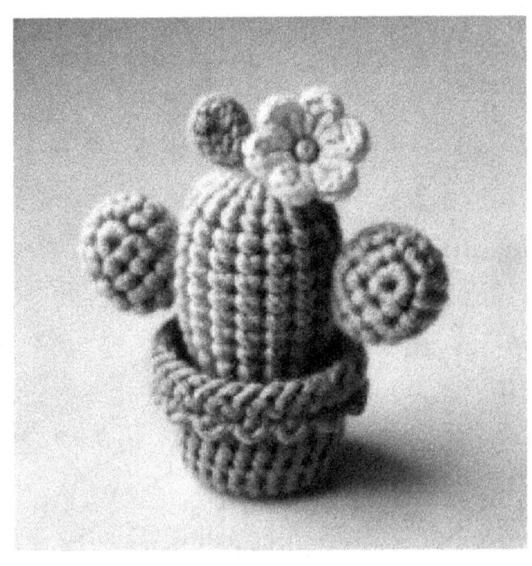

Materiales:

Hilo verde para el cactus.

Hilo de un color diferente (rosa, rojo, amarillo) para la flor.

Hilo marrón para la maceta (opcional, si quieres tejer una base).

Aguja de ganchillo de 2.0 mm o 2.5 mm (según el grosor del hilo).

Relleno de fibra.

Aguja lanera.

Marcador de puntos.

Abreviaturas y puntos utilizados

Cad cadeneta

pd punto deslizado o punto enano

pb punto bajo

pa punto alto

rep repetir

aum aumento

dism disminución

Cactus (pala principal)

Anillo mágico:

Haz un anillo mágico con 6 puntos bajos (pb). [6 pb]

Vuelta 2:

Haz 1 aumento en cada punto alrededor. [12 pb]

Vuelta 3:

1 pb, 1 aumento alrededor. [18 pb]

Vuelta 4:

2 pb, 1 aumento alrededor. [24 pb]

Vuelta 5-10:

Teje 1 punto bajo en cada punto alrededor. [24 pb en cada vuelta]

Vuelta 11:

2 pb, 1 disminución alrededor. [18 pb]

Vuelta 12:

1 pb, 1 disminución alrededor. [12 pb]

Vuelta 13:

Haz 1 disminución en cada punto alrededor. [6 pb]

Cerrar

Rellena la pala principal con fibra y cierra.

Pala Secundaria (más pequeña)

Anillo mágico:

Haz un anillo mágico con 6 puntos bajos (pb). [6 pb]

Vuelta 2:

Haz 1 aumento en cada punto alrededor. [12 pb]

Vuelta 3:

1 pb, 1 aumento alrededor. [18 pb]

Vuelta 4-6:

Teje 1 pb en cada punto alrededor. [18 pb]

Vuelta 7:

1 pb, 1 disminución alrededor. [12 pb]

Vuelta 8:

Teje 1 pb en cada punto. [12 pb]

Cerrar

Rellena la pala con fibra y cierra. Asegúrate de coser esta pala al lateral de la pala principal.

Pala Adicional (más pequeña o igual tamaño)

Anillo mágico:

Haz un anillo mágico con 6 puntos bajos (pb). [6 pb]

Vuelta 2:

Haz 1 aumento en cada punto alrededor. [12 pb]

Vuelta 3-5:

Teje 1 pb en cada punto alrededor. [12 pb]

Vuelta 6:

Haz 1 disminución en cada punto alrededor. [6 pb]

Cerrar

Rellena con fibra y cierra. Cose esta pala a otra posición del cactus.

Flor para el Cactus

Anillo mágico:

Con el hilo de color (rosa, rojo, etc.), haz un anillo mágico con 5 puntos bajos (pb). [5 pb]

Vuelta 2:

Haz 1 aumento, 1 pb en cada punto alrededor. [8 pb]

Pétalos (x 5):

En el mismo punto, teje 1 punto alto (pa), 1 cadeneta, 1 punto alto (pa) y luego haz un punto deslizado en el siguiente punto bajo. Repite este proceso hasta tener 5 pétalos.

Cierre

Remata y cose la flor en una de las palas del cactus.

Montaje:

Unir las palas: Cose las palas más pequeñas a la pala principal. Puedes distribuirlas de manera asimétrica para que se vea más natural.

Añadir la flor: Cose la flor en la parte superior o lateral de una de las palas del cactus.

Opcional (Maceta): Si quieres añadir una base, puedes tejer una pequeña maceta en marrón o terracota siguiendo el siguiente patrón sencillo:

Base de la maceta: Haz un anillo mágico con 6 pb, y aumenta en cada vuelta hasta que consigas una base circular de unos 4 cm de diámetro.

Cuerpo de la maceta: Teje 1 pb en cada punto alrededor, sin aumentos, hasta obtener la altura deseada para la maceta.

Posavasos floral

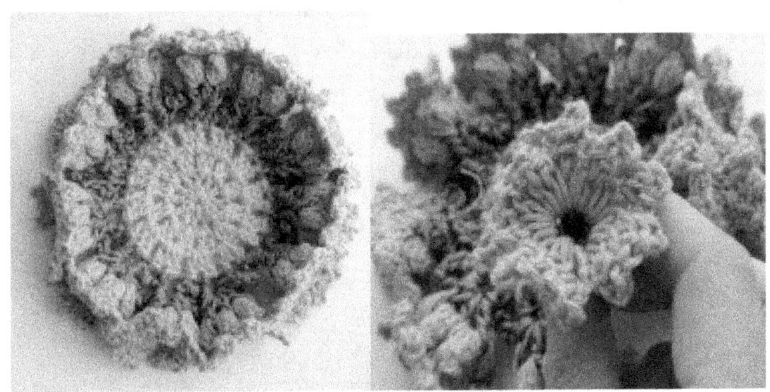

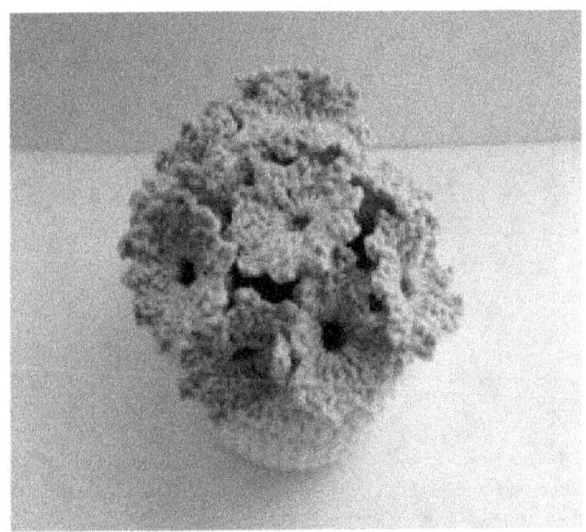

Dificultad: +++

Materiales

Lanas de diferentes colores, verde, blanco, amarillo, lila o colores deseados

Ganchillo nº 3 mm o acorde a la lana elegida

Si la lana es más gruesa el posavasos nos saldrá más grande, depende del tamaño que lo queramos elegiremos un grosor mayor o menor de lana.

Abreviaturas y puntos utilizados

Cad cadeneta

Pd punto deslizado o punto enano

Pb punto bajo

Pa punto alto o vareta

Rep repetir

Punto popcorn (5 pa en el mismo punto, dejar la hebra un poco larga, sacar el ganchillo e introducirlo en el primer pa, cogemos la hebra que habíamos dejado suelta y la pasamos por el primer pa. Nos ayudamos de los dedos para ahuecar el punto, cerramos los 5 pa juntos y aseguramos el punto con 1 pb)

Realización

Con lana amarilla o color elegido

Anillo mágico

1ª vuelta: 2 cad (no cuentan como punto) 1 pa 1 cad rep hasta tener 12 pa separados cada uno por 1 cad

Terminada la vuelta nos deslizamos con pd al primer hueco de una cad

2ª vuelta: 3 cad 2 pa 1 cad, en el siguiente hueco de 1 cad tejemos 3 pa 1 cad, en el siguiente hueco 3 pa 1 cad rep durante toda la vuelta y cerramos al llegar al final con pd

Cortamos hilo, escondemos hebra y cambiamos de color

Con lana rosa o color elegido

3ª vuelta: Nos posicionamos en uno de los huecos de 1 cad y allí añadimos el nuevo color. Hacemos 1 pb en el hueco y levantamos 5 cad, saltamos 1 punto y nos vamos al pa que queda en medio, es decir, el segundo pa de los tres que hicimos en la vuelta anterior. En ese punto tejemos 1pb volvemos a levantar 5 cad, saltamos 1 punto y nos colocamos en el siguiente hueco de 1 cad de la vuelta anterior. Ahí tejemos 1 pb. Vamos a seguir con esta secuencia durante toda la vuelta, pb, 5 cad, saltamos 1 punto, pb. Al llegar al final de la vuelta cerramos con pd

4ª vuelta: Vamos al primer hueco de 5 cad con pd. Trabajaremos en ese hueco y tejeremos *2 cad de subida que no cuentan como punto, hacemos 1 pa, 1 cad, 1 pa, 1 cad, así hasta tener 5 pa separados por 1 cad cada uno.

Nos vamos al siguiente hueco y tejemos un pb, ahí mismo levantamos 7 cad y trabajamos ahora en las cadenetas que acabamos de tejer. Contamos hacia abajo 4 cad y en la cuarta cad tejemos un pd, con lo que nos quedará un piquito. Tejemos ahora 3 cad y nos vamos al siguiente hueco donde tejemos 1 pb*

Vamos a repetir ahora la secuencia del primer hueco, levantamos 2 cad que no cuentan como punto y tejemos pa, cad, pa así hasta tener 5 pa separados cada uno por una cad.

Vamos al siguiente hueco, tejemos pb, levantamos 7 cad, contamos hacia abajo 4 puntos, en el 4º punto tejemos pd, hacemos 3 cad y nos vamos al siguiente punto donde tejemos un punto bajo. Rep de * a * toda la vuelta.

Cerramos con pd, cortamos hilo, escondemos hebra y cambiamos de color.

Con color verde o color deseado.

5ª vuelta: Unimos el nuevo color en el primer hueco del arco de 5 pa, es decir, unimos el nuevo color en el hueco de 1 cad que separa el primer pa.

Ahí tejemos 3 cad y tejemos 1 punto popcorn, lo cerramos con pb y nos vamos al siguiente hueco de una cad en el arco de pa.

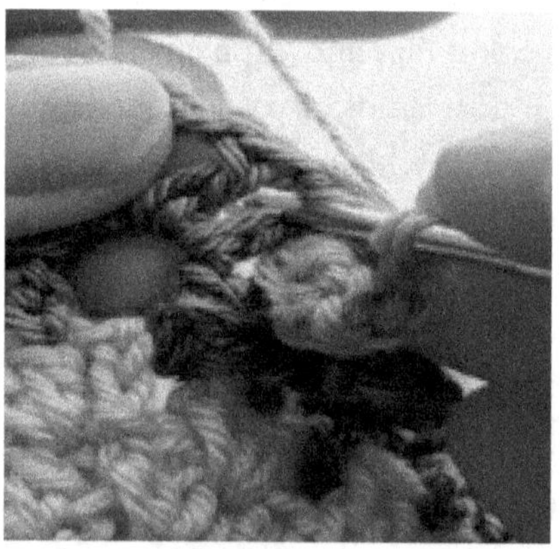

En ese hueco tejemos otro punto popcorn y vamos a tejer un punto popcorn en cada hueco de cad del arco, en total tendremos 5 puntos popcorn.

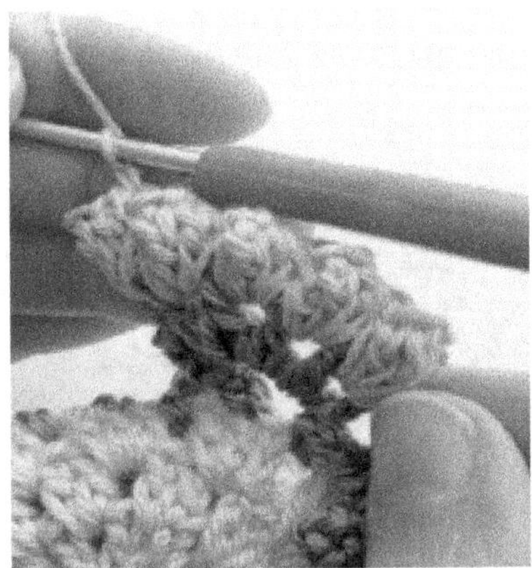

Una vez tejidos los 5 puntos popcorn, le damos la vuelta al tejido y unimos el primer punto popcorn con el último con un pd para que nos quede en círculo, en forma de flor.

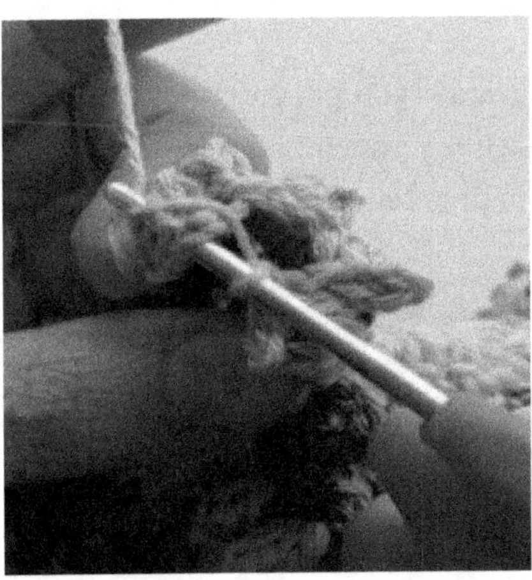

Volvemos a dar la vuelta al tejido para colocarnos en la posición normal y tejemos 3 cad y un pa en el primer hueco que nos queda entre punto popcorn y punto popcorn. Tenemos ahora 2 pa en el hueco, levantamos

3 cad y tejemos un pb en relieve en el segundo pa para hacer un pequeño piquito. Tejemos otros 2 pa, 3 cad y un pb en relieve en el segundo pa que acabamos de tejer.

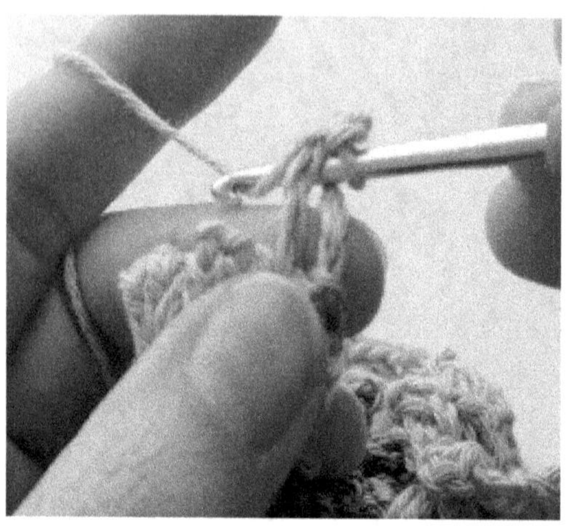

Rep esta secuencia, 2 pa, 3 cad, 1 pb en relieve en el segundo pa, 2 pa, 3 cad, 1 pb en relieve en el segundo pa, en todos los huecos entre puntos popcorn.

Al finalizar, cerramos con pd, cortamos el hilo y escondemos hebra. Cerraremos en cada flor y podemos hacer cada flor de un color distitno o del mismo, según tu preferencia.

Regalo para mamá

Cesta

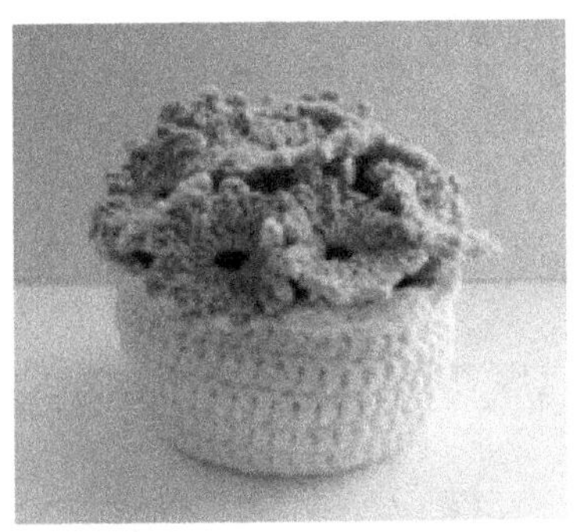

Anillo mágico

    1ª vuelta: 12 pa cerrar con pd

    2ª vuelta: Levantamos 3 cad. 1 am en cad punto en pa, total 24 puntos. Cerramos con pd

    3ª vuelta: Levantamos 3 cad 1 pa 1 aum. Rep hasta el final. Cerrar con pd

    4ª vuelta: Levantamos 3 cad 2 pa 1 aum. Rep hasta el final. Cerrar con pd

    5ª vuelta: Levantamos 3 cad 1 pa en cada punto de la vuelta **anterior cogido solo por la hebra trasera. Cerrar con pd**

    6 a 10ª vuelta: Levantamos 3 cad en el inicio de cada vuelta. 1 pa en cada punto hasta el final, cerrar cada vuelta con pd

    11ª vuelta: Levantamos 3 cad y hacemos 3 pma en el mismo punto cogiendo solo la hebra trasera, saltamos 1 punto y en el siguiente tejemos 1 pd. Saltamos 1 punto y en el siguiente tejemos 4 pma en el mismo punto cogiendo solo la hebra trasera, saltamos 1 punto y en siguiente tejemos 1 pd cogido solo por la hebra trasera, saltamos 1 punto y en el siguiente tejemos 4 pma en el mismo punto cogidos solo por la hebra trasera, repetimos la secuencia en toda la vuelta, cerramos con pd y cortamos, escondemos la hebra.

Podemos colocar algún abalorio en los huecos de los arcos que nos han quedado o ponerle una cinta.

Guía de Puntos Básicos de Ganchillo

Nombre del punto	Abreviatura	Descripción
Cadeneta	cad	Es el punto básico para comenzar la mayoría de los proyectos. Forma una cadena de puntos.
Punto deslizado	pd	Se utiliza para unir o cerrar vueltas. Es muy bajo y plano. Inserta el ganchillo, saca una lazada y pásala por el punto y la lazada en el ganchillo.
Punto bajo	pb	Inserta el ganchillo, toma hebra y saca un bucle, toma hebra de nuevo y pásala por ambos bucles en el ganchillo.
Medio punto alto	mpa	Toma hebra, inserta el ganchillo en el punto, toma hebra de nuevo, saca un bucle, toma hebra y pásala por los tres bucles.
Punto alto	pa	Toma hebra, inserta el ganchillo, toma hebra, saca un bucle, toma hebra y pásala por los primeros dos bucles, luego toma hebra y pásala por los dos bucles restantes.
Punto alto doble	pad	Toma hebra dos veces, inserta el ganchillo, toma hebra, saca un bucle, toma hebra y pásala por los primeros dos bucles, luego toma hebra y pásala por los siguientes dos bucles, finalmente toma hebra y pásala por los dos últimos bucles.
Aumento	aum	Tejer dos puntos en el mismo punto base para aumentar la cantidad de puntos en la vuelta o hilera.
Disminución	dis	Unir dos puntos en uno solo para reducir la cantidad de puntos en la vuelta o hilera.
Anillo	AM	Técnica para empezar a tejer en redondo,

Nombre del punto	Abreviatura	Descripción
mágico		ajustando la primera ronda de puntos dentro de un anillo ajustable.
Vuelta	vta	Se refiere a una serie completa de puntos en redondo (círculo o espiral).
Hilera	hil	Una fila de puntos que se teje de ida y vuelta, típica en trabajos planos.

Guía de Puntos Especiales

Nombre del punto	Abreviatura	Descripción
Punto relieve por delante	prf	Toma hebra, inserta el ganchillo por delante del punto de la vuelta anterior y teje como un punto alto.
Punto relieve por detrás	prd	Toma hebra, inserta el ganchillo por detrás del punto de la vuelta anterior y teje como un punto alto.
Popcorn (punto piña)	popcorn	Teje 5 puntos altos en el mismo punto, saca el ganchillo y vuelve a insertarlo en el primer punto alto, saca el bucle del último punto y ajusta.
Punto picot	picot	Generalmente 3 cadenetas, cierra con un punto deslizado en el primer punto de la cadeneta para formar un pequeño bucle decorativo.
Punto enano (punto raso)	pe	Similar al punto deslizado. Se usa para cerrar vueltas o unir puntos de manera discreta.

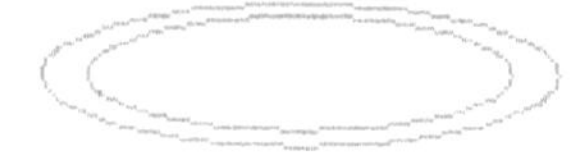

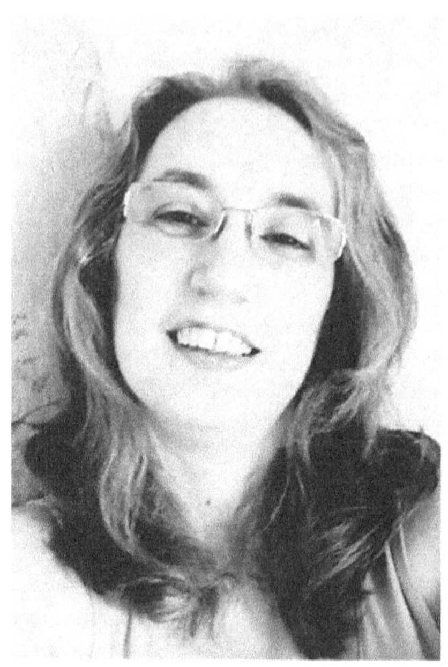

About the Author

Nacida en Barcelona, 1976. Ávida lectora desde niña, creció entre libros, lo que le llevó a querer llenar páginas y más páginas con ideas y personajes que siempre rondaban por su cabeza.

Creó su propia página web para impartir cursos destinados a enseñar a otros escritores a lograr sus metas. Ha enseñado a miles de alumnos, muchos de ellos logrando publicar sus obras. También imparte cursos online de pintura y escritura en el portal Udemy.

Con varias novelas, relatos y cuentos infantiles escritos, decidió publicar toda su obra de forma independiente, lo que le llevó a tener varios éxitos, sobre todo con su novela Te estaba esperando. Ha vendido sus libros en todo el mundo.

Read more at https://fabricandoideasweb.wixsite.com/franciscaherraiz.

www.ingramcontent.com/pod-product-compliance
Lightning Source LLC
Chambersburg PA
CBHW061717130726
47996CB00006B/2357